skule - школа	2
reise - путешествие	5
transport - транспорт	8
by - город	10
landskap - ландшафт	14
restaurant - ресторан	17
matbutikk - супермаркет	20
drikkevarer - напитки	22
mat - еда	23
bondegard - ферма	27
hus - дом	31
stove - гостиная	33
kjøken - кухня	35
bad - ванная комната	38
barnerom - детская комната	42
klede - одежда	44
kontor - офис	49
økonomi - экономика	51
yrker - профессии	53
verktøy - инструменты	56
musikkinstrument - музыкальные инструменты	57
dyrehage - зоопарк	59
sport - спорт	62
aktivitetar - действия	63
familie - семья	67
kropp - тело	68
sykehus - больница	72
naudsituasjon - неотложный случай	76
jorda - земля	77
klokke - часы	79
veke - неделя	80
år - год	81
former - формы	83
fargar - цвета	84
motsetnader - противоположности	85
tal - цифры	88
språk - языки	90
kven / kva / korleis - кто / что / как	91
kvar - где	92

Impressum
Verlag: BABADADA GmbH, Nedderfeld 112 , 22529 Hamburg
Geschäftsführer / Verlagsleitung: Harald Hof
Druck: Books on Demand GmbH, In de Tarpen 42, 22848 Norderstedt

Imprint
Publisher: BABADADA GmbH, Nedderfeld 112 , 22529 Hamburg, Germany
Managing Director / Publishing direction: Harald Hof
Print: Books on Demand GmbH, In de Tarpen 42, 22848 Norderstedt, Germany

skule
школа

- klasserom / классная комната
- dividere / делить
- tavle / доска
- skulegard / школьный двор
- lærar / учитель
- papir / бумага
- skrive / писать
- penn / ручка
- pult / письменный стол
- linjal / линейка
- bok / книга
- elev / ученик

ransel
ранец

pennal
пенал

blyant
карандаш

blyantspissar
точилка

viskelær
ластик

teikneblokk
альбом для рисования

teikning

рисунок

pensel

кисточка

målarskrin

коробка красок

saks

ножницы

lim

клей

arbeidsbok

тетрадь

lekse

домашняя работа

tal

цифра

addere

прибавлять

subtrahere

вычитать

multiplisere

умножать

rekne

считать

bokstav

буква

alfabet

алфавит

ord

слово

skule - школа

tekst

текст

lese

читать

krit

мел

skuletime

урок

klassebok

классный журнал

eksamen

экзамен

vitnemål

диплом

skuleuniform

школьная форма

utdanning

образование

leksikon

энциклопедия

universitet

университет

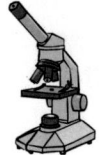

mikroskop

микроскоп

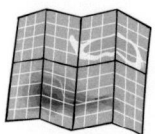

kart

карта

papirkorg

корзина для бумаг

skule - школа

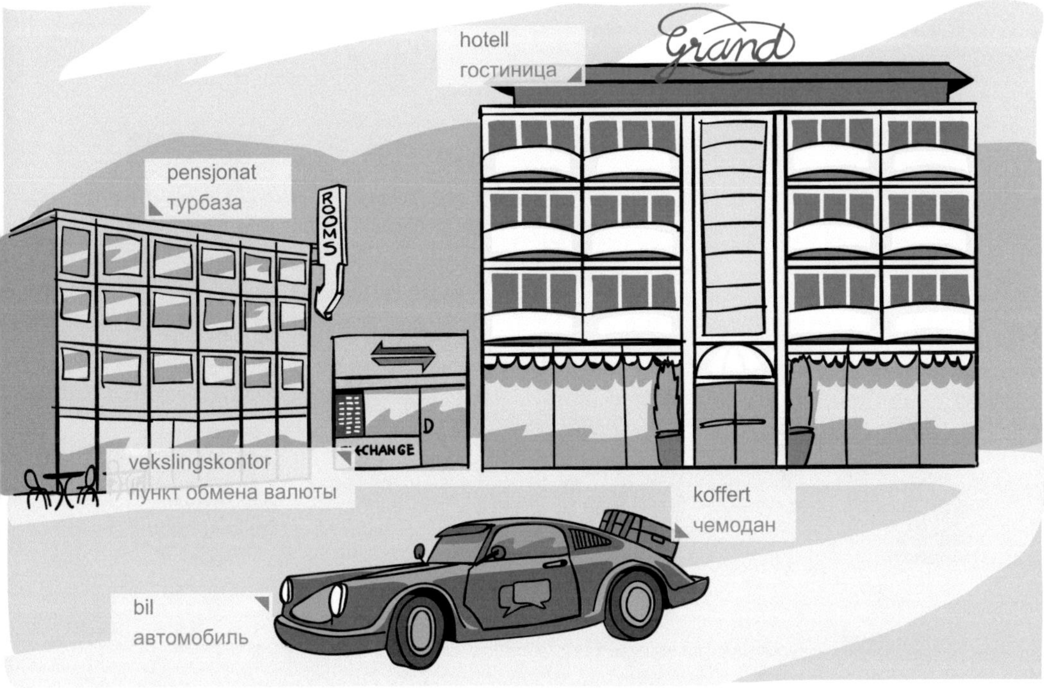

reise
путешествие

hotell
гостиница

pensjonat
турбаза

vekslingskontor
пункт обмена валюты

koffert
чемодан

bil
автомобиль

språk

язык

ja / nei

да / нет

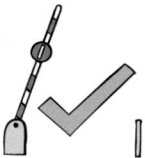

okay

хорошо

Hei

Привет

tolk

переводчик

takk skal du ha

Спасибо

reise - путешествие

Kva kostar...?
Сколько стоит…?

Eg forstår ikkje
Я не понимаю

problem
проблема

God kveld!
Добрый вечер!

God morgon!
Доброе утро!

God natt!
Доброй ночи!

ha det bra
До свидания

retning
направление

bagasje
багаж

veske
сумка

ryggsekk
рюкзак

gjest
гость

rom
комната

sovepose
спальный мешок

telt
палатка

reise - путешествие

turistinformasjon

туристическая
информация

strand

пляж

kredittkort

кредитная карточка

frukost

завтрак

lunsj

обед

middag

ужин

billett

билет

heis

лифт

stempel

почтовая марка

grense

граница

toll

таможня

ambassade

посольство

visum

виза

pass

паспорт

transport
транспорт

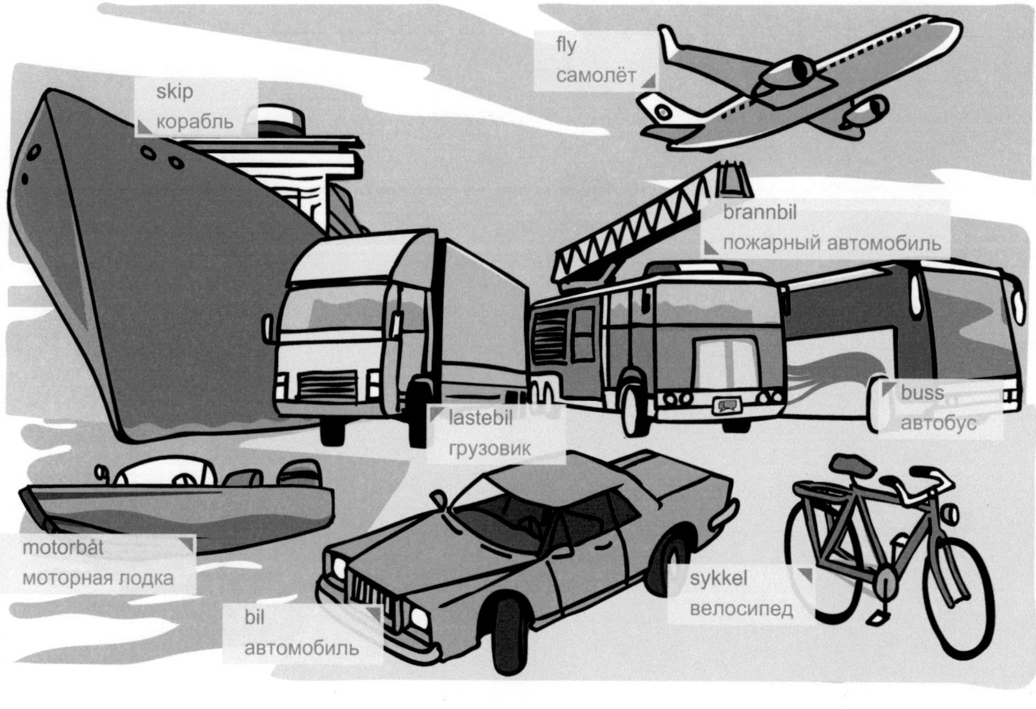

- fly — самолёт
- skip — корабль
- brannbil — пожарный автомобиль
- buss — автобус
- lastebil — грузовик
- motorbåt — моторная лодка
- bil — автомобиль
- sykkel — велосипед

ferje
паром

båt
лодка

motorsykkel
мотоцикл

politibil
полицейский автомобиль

racerbil
гоночный автомобиль

leigebil
арендованный автомобиль

bilkollektiv

совместное пользование автомобилями

bergingsbil

буксировочный автомобиль

søppelbil

мусоровоз

motor

двигатель

drivstoff

топливо

bensinstasjon

заправка

trafikkskilt

дорожный знак

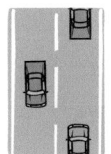

trafikk

движение

trafikkork

пробка

parkeringsplass

автостоянка

togstasjon

вокзал

skine

рельсы

tog

поезд

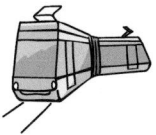

trikk

трамвай

vogn

вагон

helikopter
вертолёт

flyplass
аэропорт

tårn
вышка

passasjer
пассажир

konteinar
контейнер

kartong
коробка

tralle
тележка

kurv
корзина

starte / lande
взлетать / приземляться

by
город

landsby
деревня

sentrum
центр города

hus
дом

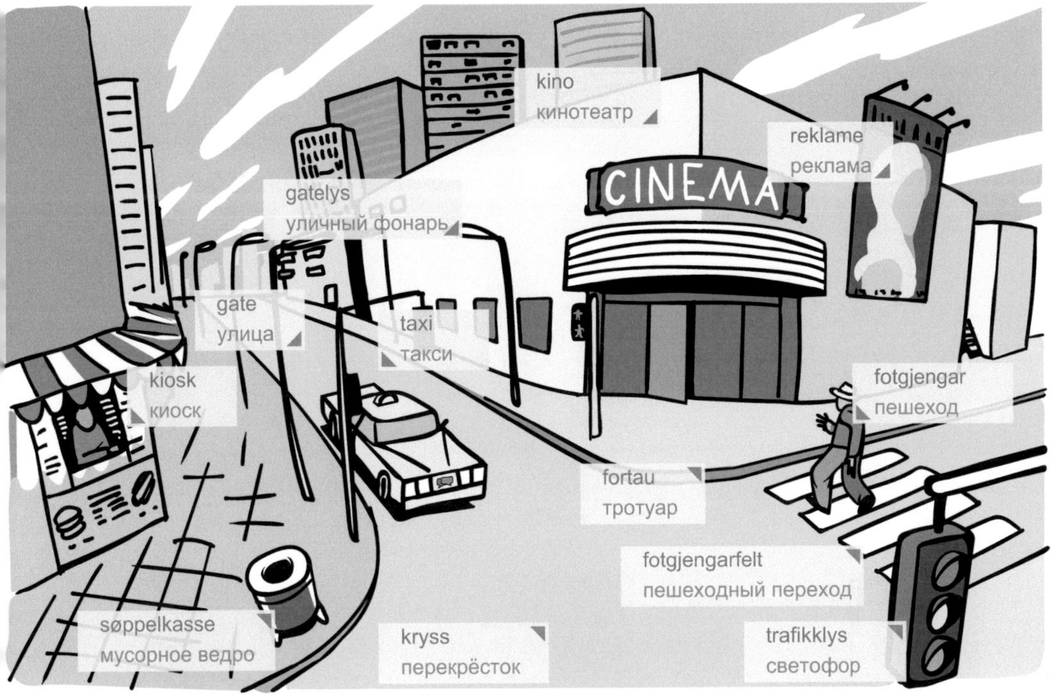

hytte
хижина

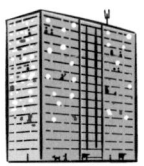

leilegheit
квартира

togstasjon
вокзал

rådhus
ратуша

museum
музей

skule
школа

by - город

universitet

университет

bank

банк

sykehus

больница

hotell

гостиница

apotek

аптека

kontor

офис

bokhandel

книжный магазин

butikk

магазин

blomsterbutikk

цветочный магазин

matbutikk

супермаркет

marknad

рынок

varehus

универмаг

fiskehandlar

торговец рыбой

kjøpesenter

торговый центр

hamn

порт

by - город

park

парк

benk

скамейка

bro

мост

trapp

лестница

t-bane

метро

tunnel

тоннель

busstopp

автобусная остановка

bar

бар

restaurant

ресторан

postkasse

почтовый ящик

gateskilt

табличка с названием улицы

parkometer

паркометр

dyrehage

зоопарк

svømmebasseng

бассейн

moské

мечеть

bondegard
ферма

miljøforurensing
загрязнение окружающей среды

kyrkjegard
кладбище

kyrkje
церковь

leikeplass
детская площадка

tempel
храм

landskap
ландшафт

- blad — лист
- vegvisar — дорожный указатель
- veg — дорога
- eng — луг
- stein — камень
- tre — дерево
- turgåar — путешественник
- elv — река
- gras — трава
- blome — цветок

dal

долина

fjell

гора

innsjø

озеро

skog

лес

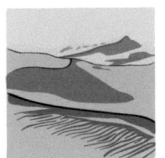

ørken

пустыня

vulkan

вулкан

slott

замок

regnboge

радуга

sopp

гриб

palmetre

пальма

mygg

комар

fluge

муха

maur

муравей

bie

пчела

edderkopp

паук

landskap - ландшафт

bille
жук

frosk
лягушка

ekorn
белка

piggsvin
еж

hare
заяц

ugle
сова

fugl
птица

svane
лебедь

villsvin
кабан

hjort
олень

elg
лось

demning
плотина

vindturbin
ветряной генератор

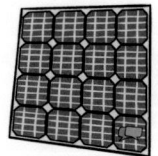
solcellepanel
солнечная батарея

klima
климат

landskap - ландшафт

restaurant
ресторан

kelner — официант
meny — меню
stol — стул
suppe — суп
pizza — пицца
bestikk — столовые приборы
duk — скатерть

forrett
закуска

hovudrett
главное блюдо

dessert
десерт

drikkevarer
напитки

mat
еда

flaske
бутылка

hurtigmat
фастфуд

gatemat
уличная еда

tekanne
чайник

sukkerskål
сахарница

porsjon
порция

espressomaskin
кофеварка

barnestol
детский стульчик

rekning
счет

brett
поднос

kniv
нож

gaffel
вилка

skei
ложка

teskei
чайная ложка

serviett
салфетка

glas
стакан

restaurant - ресторан

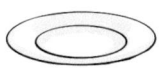

tallerken

тарелка

suppetallerken

суповая тарелка

skål

блюдце

saus

соус

saltbøsse

солонка

pepparkvern

мельница для перца

eddik

уксус

olje

масло

krydder

специи

ketsjup

кетчуп

sennep

горчица

majones

майонез

restaurant - ресторан

matbutikk

супермаркет

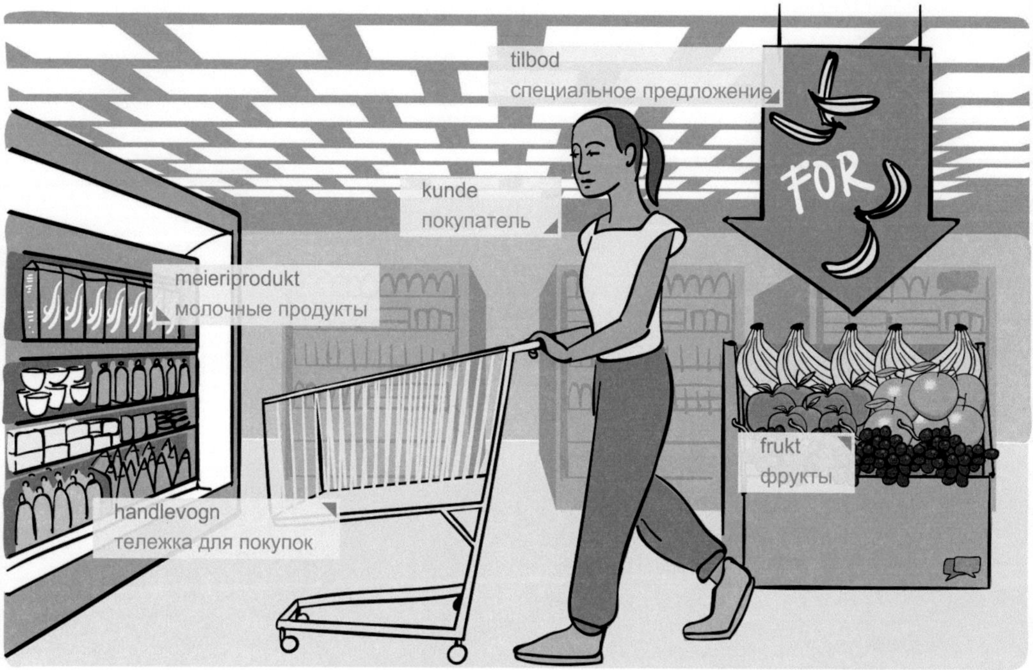

tilbod
специальное предложение
FOR
kunde
покупатель
meieriprodukt
молочные продукты
frukt
фрукты
handlevogn
тележка для покупок

BUTCHERS

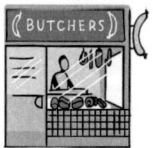

slaktar

мясной магазин

BAKERY

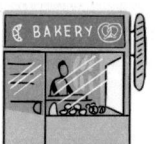

bakeri

пекарня

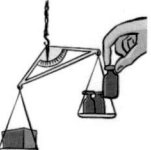

vege

взвешивать

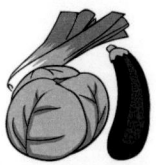

grønnsaker

овощи

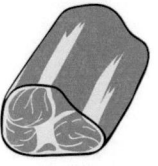

kjøtt

мясо

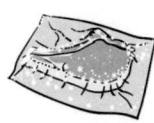

frysevarer

быстрозамороженные продукты

oppskore pålegg

нарезка

hermetikk

консервы

vaskepulver

стиральный порошок

godteri

сладости

hushaldningsprodukt

предмет домашнего обихода

reingjeringsmiddel

моющее средство

butikkmedarbeidar

продавщица

kassaapparat

касса

kasserar

кассир

handleliste

список покупок

opningstider

время работы

lommebok

бумажник

kredittkort

кредитная карточка

veske

сумка

plastpose

полиэтиленовый пакет

matbutikk - супермаркет

drikkevarer
напитки

vatn
вода

juice
сок

mjølk
молоко

cola
кока-кола

vin
вино

øl
пиво

alkohol
алкоголь

kakao
какао

te
чай

kaffi
кофе

espresso
эспрессо

cappuccino
капучино

mat
еда

banan

банан

eple

яблоко

appelsin

апельсин

melon

арбуз

sitron

лимон

gulrot

морковь

kvitlauk

чеснок

bambus

бамбук

løk

лук

sopp

гриб

nøtter

орехи

nudlar

лапша

spagetti	ris	salat
спагетти	рис	салат

pommes frites	steikte poteter	pizza
картофель фри	жареный картофель	пицца

hamburger	sandwich	kotelett
гамбургер	сэндвич	шницель

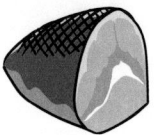

skinke	salami	pølse
ветчина	салями	колбаса

kylling	steik	fisk
курица	жаркое	рыба

mat - еда

havregryn
овсяные хлопья

müsli
мюсли

cornflakes
кукурузные хлопья

mjøl
мука

croissant
круассан

rundstykke
булочка

brød
хлеб

rista brød
тост

kjeks
печенье

smør
масло

kvarg
творог

kake
пирог

egg
яйцо

speilegg
яичница

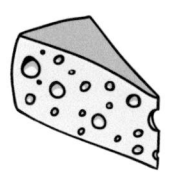
ost
сыр

iskrem
мороженое

sukker
сахар

honning
мёд

syltetøy
мармелад

sjokoladepålegg
крем с нугой

karri
карри

mat - еда

bondegard
ферма

våningshus
крестьянский дом

låve
сарай

halmball
тюк из соломы

åker
поле

hest
лошадь

tilhengar
прицеп

fole
жеребёнок

traktor
трактор

esel
осёл

lam
ягнёнок

sau
овца

geit
коза

ku
корова

kalv
телёнок

gris
свинья

grisunge
поросёнок

okse
бык

bondegard - ферма

gås
гусь

and
утка

kylling
цыплёнок

høne
курица

hane
петух

rotte
крыса

katt
кошка

mus
мышь

okse
вол

hund
собака

hundehus
конура

hageslange
садовый шланг

vasskanne
лейка

ljå
коса

plog
плуг

bondegard - ферма

sigd
серп

hakke
мотыга

høygaffel
навозные вилы

øks
топор

trillebår
тачка

trau
корыто

mjølkekanne
бидон для молока

sekk
мешок

gjerde
забор

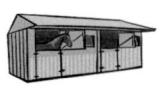
fjøs
хлев

drivhus
теплица

jord
почва

frø
посев

gjødsel
удобрение

skurtreskar
комбайн

bondegard - ферма

hauste
собирать урожай

innhausting
урожай

yams
ямс

kveite
пшеница

soja
соя

potet
картофель

mais
кукуруза

raps
рапс

frukttre
фруктовое дерево

kassava
маниок

korn
злаки

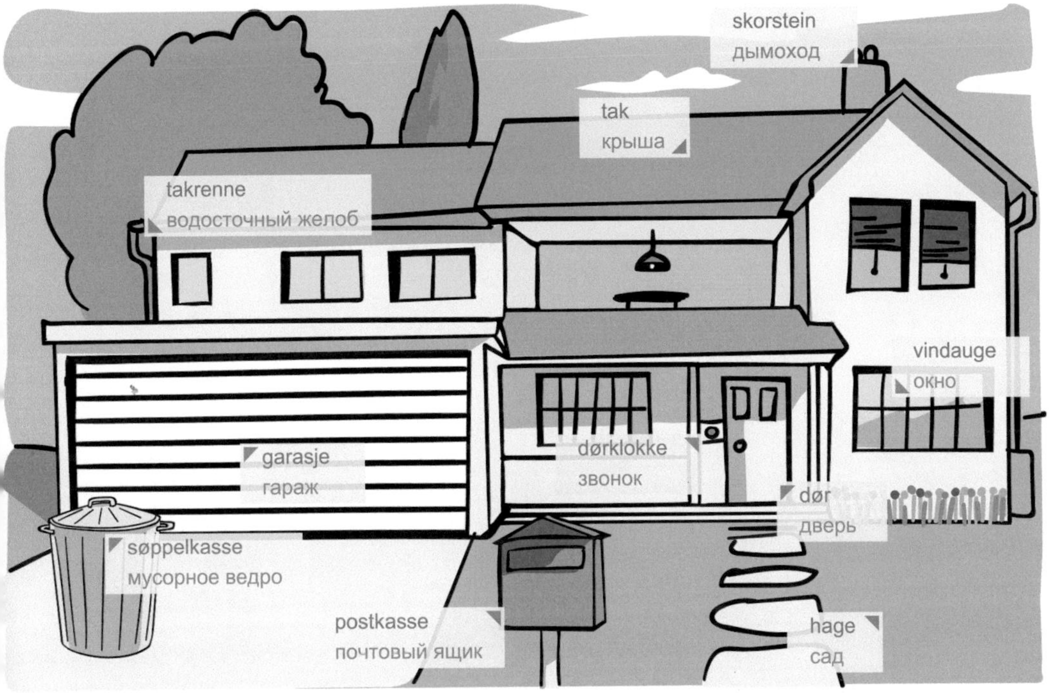

hus
дом

skorstein
дымоход

tak
крыша

takrenne
водосточный желоб

vindauge
окно

garasje
гараж

dørklokke
звонок

dør
дверь

søppelkasse
мусорное ведро

postkasse
почтовый ящик

hage
сад

stove
гостиная

bad
ванная комната

kjøken
кухня

soverom
спальня

barnerom
детская комната

spisestove
столовая

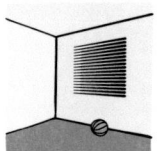
golv
пол

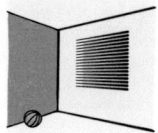
vegg
стена

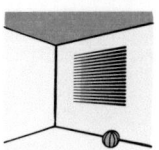
tak
потолок

kjeller
подвал

badstove
сауна

balkong
балкон

terrasse
терраса

svømmebasseng
бассейн

grasklippar
газонокосилка

laken
пододеяльник

dyne
покрывало

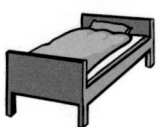
seng
кровать

kost
метла

bøtte
ведро

brytar
выключатель

hus - дом

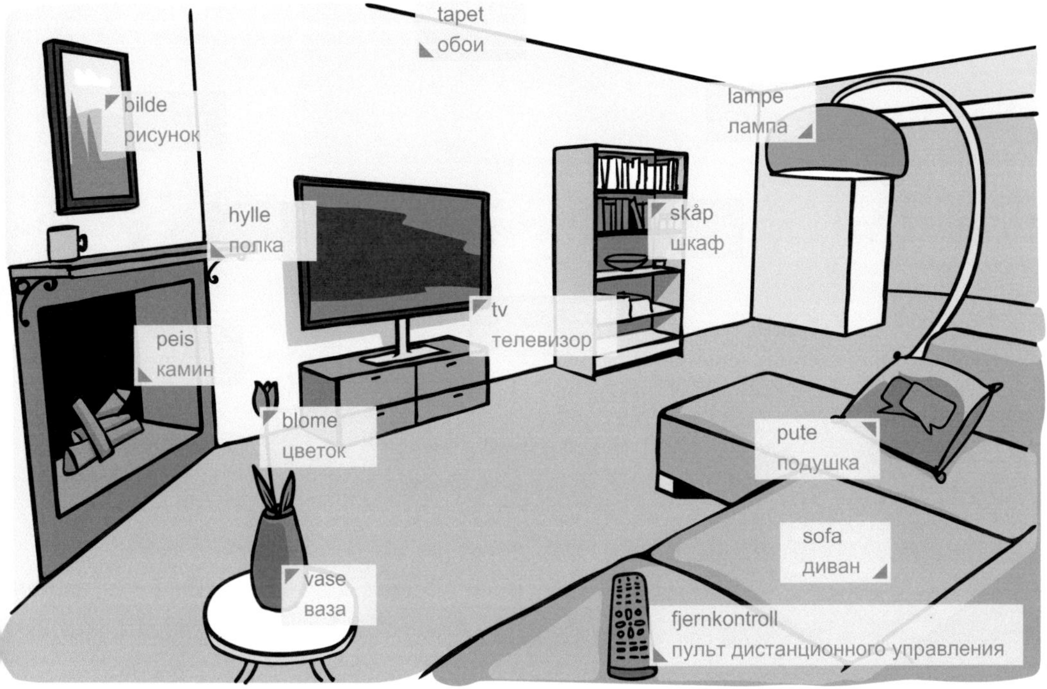

stove
гостиная

- tapet / обои
- bilde / рисунок
- lampe / лампа
- hylle / полка
- skåp / шкаф
- peis / камин
- tv / телевизор
- blome / цветок
- pute / подушка
- vase / ваза
- sofa / диван
- fjernkontroll / пульт дистанционного управления

golvteppe
ковёр

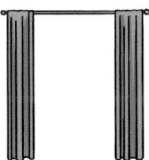

gardin
штора

bord
стол

stol
стул

gyngestol
кресло-качалка

lenestol
кресло

stove - гостиная

bok
книга

teppe
покрывало

dekorasjon
украшение

ved
дрова

film
фильм

stereoanlegg
стереосистема

nøkkel
ключ

avis
газета

måleri
картина

plakat
плакат

radio
радио

notatblokk
блокнот

støvsugar
пылесос

kaktus
кактус

lys
свеча

kjøken
кухня

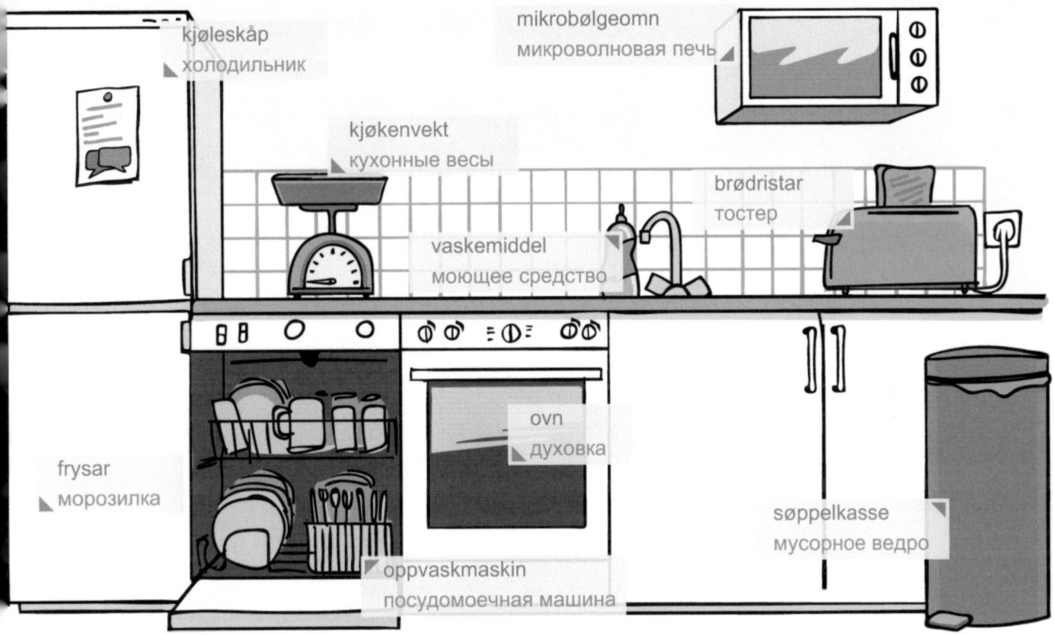

kjøleskåp
холодильник

mikrobølgeomn
микроволновая печь

kjøkenvekt
кухонные весы

brødristar
тостер

vaskemiddel
моющее средство

ovn
духовка

frysar
морозилка

søppelkasse
мусорное ведро

oppvaskmaskin
посудомоечная машина

komfyr
плита

gryte
кастрюля

jarngryte
чугунный котелок

wokpanne
вок / кадай

panne
сковорода

vatnkokar
чайник

dampovn

пароварка

steikebrett

противень

servise

посуда

krus

кружка

bolle

миска

spisepinnar

палочки для еды

ause

половник

steikespade

лопатка

visp

сбивалка

sil

сито

sil

сито

rivjarn

тёрка

mørtel

ступка

grill

гриль

bål

костёр

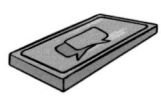

skjærefjøl

доска

kjevle

скалка

korketrekkar

штопор

boks

жестяная банка

boksopnar

консервный нож

gryteklut

прихватка

vask

раковина

børste

щетка

svamp

губка

blender

миксер

fryseboks

морозильная камера

tåteflaske

бутылочка для кормления

kran

кран

bad
ванная комната

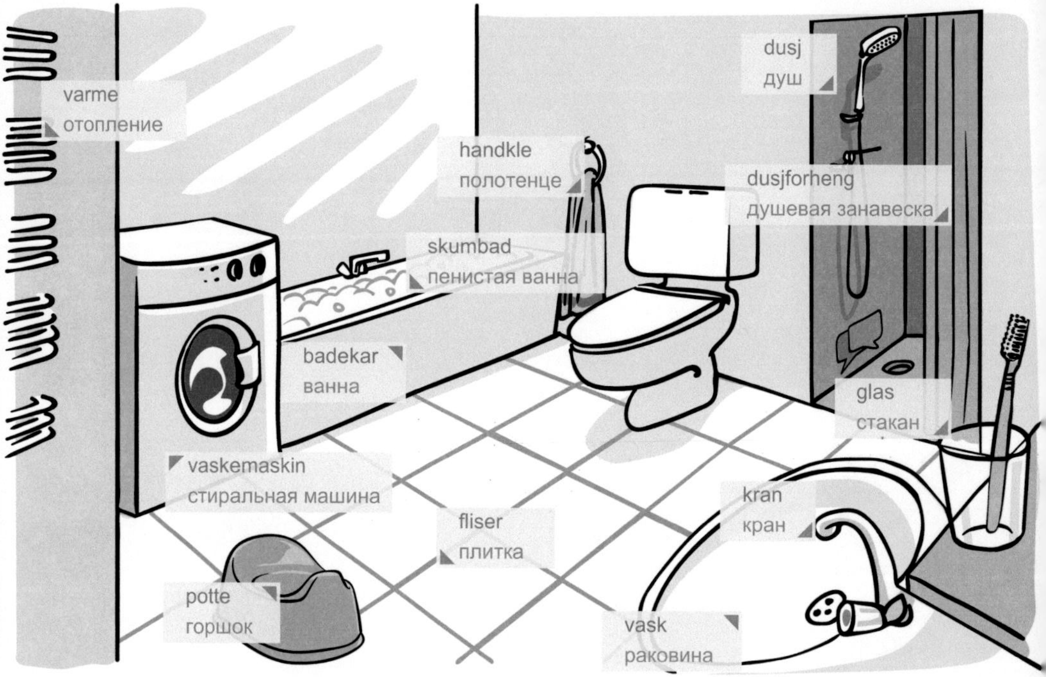

varme — отопление
handkle — полотенце
dusj — душ
skumbad — пенистая ванна
dusjforheng — душевая занавеска
badekar — ванна
glas — стакан
vaskemaskin — стиральная машина
kran — кран
fliser — плитка
potte — горшок
vask — раковина

toalett
туалет

ståtoalett
напольный унитаз

bidet
биде

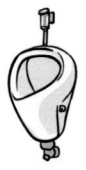

pissoar
писсуар

toalettpapir
туалетная бумага

toalettbørste
ершик

tannbørste

зубная щетка

tannkrem

зубная паста

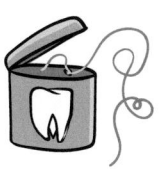

tanntråd

зубная нить

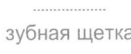

vaske

мыть

handdusj

ручной душ

intimdusj

интимный душ

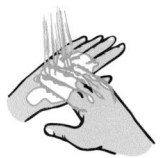

oppvaskbalje

таз

ryggbørste

щетка для спины

såpe

мыло

dusjsåpe

гель для душа

sjampo

шампунь

vaskeklut

мочалка

avløp

сток

krem

крем

deodorant

дезодорант

bad - ванная комната

spegel
зеркало

handspegel
ручное зеркало

barberhøvel
бритва

barberskum
пена для бритья

barberingsvatn
лосьон после бритья

kam
расческа

børste
щетка

hårfønar
фен

hårspray
лак для волос

sminke
косметика

leppestift
губная помада

naglelakk
лак для ногтей

bomullsdott
вата

naglesaks
маникюрные ножницы

parfyme
духи

bad - ванная комната

toalettmappe
косметичка

krakk
табуретка

vekt
весы

badekåpe
халат

gummihanskar
резиновые перчатки

tampong
тампон

sanitetsbind
гигиеническая прокладка

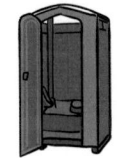
kjemisk toalett
биотуалет

barnerom
детская комната

vekkarklokke
будильник

kosedyr
мягкая игрушка

leikebil
игрушечный автомобиль

rangle
погремушка

dokkehus
кукольный домик

gåve
подарок

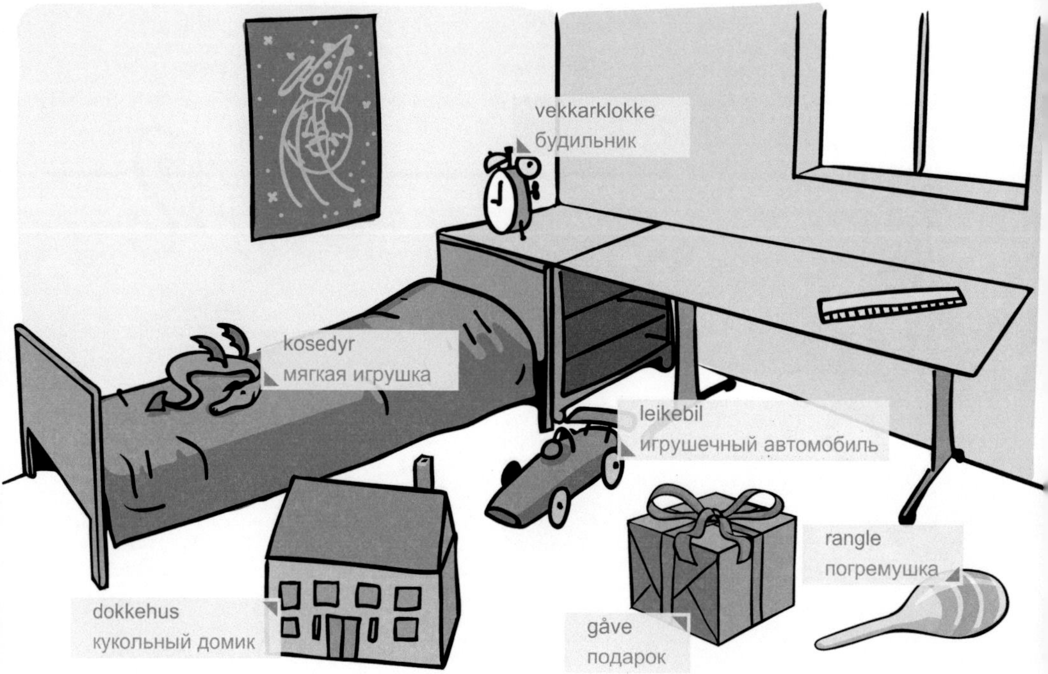

ballong
воздушный шар

seng
кровать

barnevogn
детская коляска

kortstokk
карточная игра

puslespel
пазл

teikneserie
комикс

barnerom - детская комната

legoklossar

кирпичики Лего

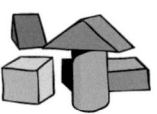

byggjeklossar

кубики

actionfigur

игрушечная фигурка

sparkebukse

ползунки

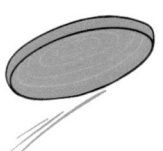

frisbee

фрисби

uro

мобиле

brettspel

настольная игра

terning

кубик

togbane

модель железной дороги

smokk

соска

fest

вечеринка

biletbok

книга с картинками

ball

мяч

dokke

кукла

leike

играть

sandkasse
песочница

gynge
качели

leiketøy
игрушка

spelekonsoll
игровая приставка

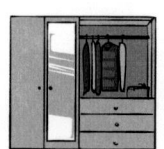

trehjulssykkel
трёхколёсный велосипед

bamse
плюшевый медвежонок

garderobeskåp
шкаф для одежды

klede
одежда

sokker
носки

strømper
чулки

strømpebukse
колготки

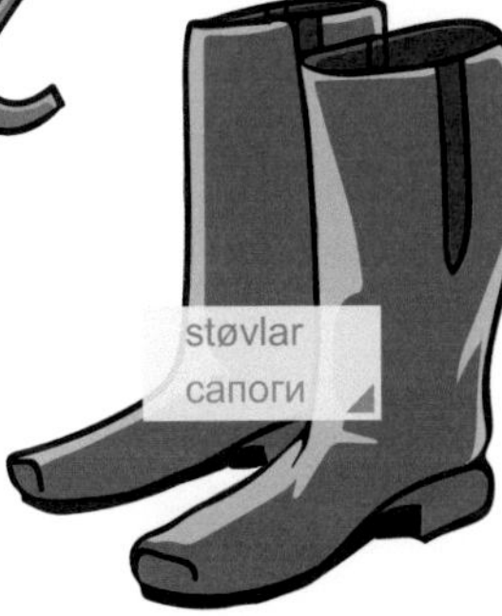

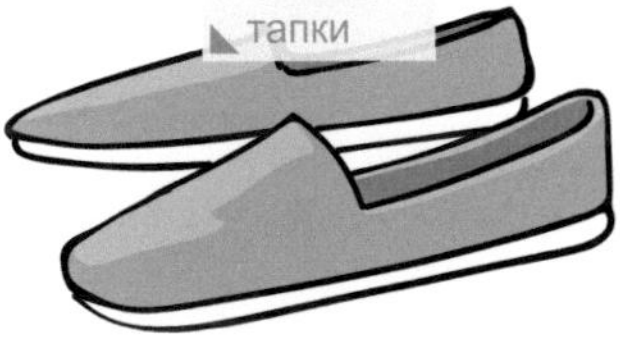

skjerf
шарф

paraply
зонтик

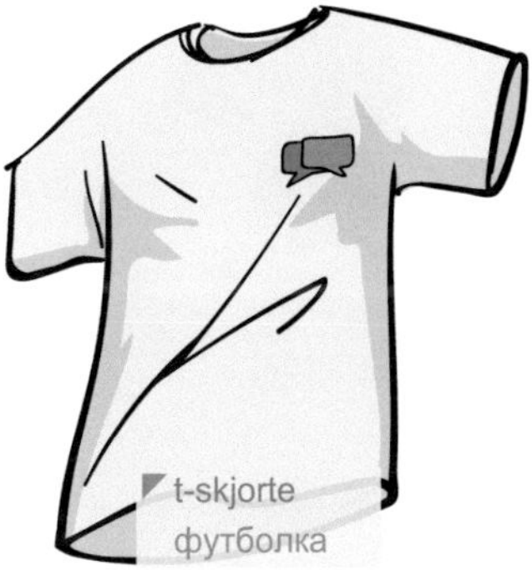

t-skjorte
футболка

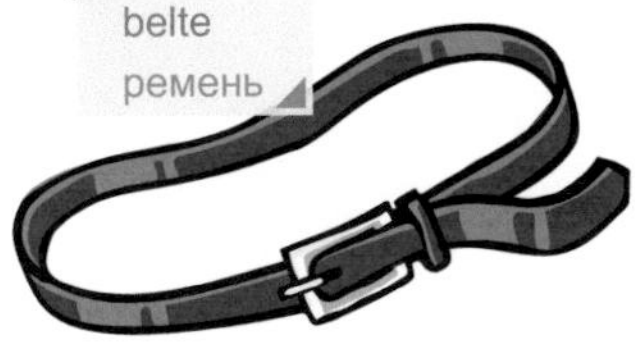

belte
ремень

støvlar
сапоги

tøflar
тапки

sneakers
кроссовки

sandalar
сандалии

sko
ботинки

gummistøvlar
резиновые сапоги

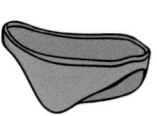

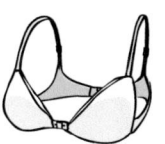

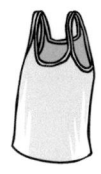

underbukse
трусы

BH
бюстгальтер

undertrøye
майка

klede - одежда

body

боди

bukse

брюки

dongeribukse

джинсы

skjørt

юбка

bluse

блузка

skjorte

рубашка

genser

свитер

hettegenser

свитер

dressjakke

спортивная куртка

jakke

жакет

kåpe

пальто

regnjakke

плащ

drakt

костюм

kjole

платье

brudekjole

свадебное платье

dress

мужской костюм

nattkjole

ночная сорочка

pyjamas

пижама

sari

сари

skaut

платок

turban

тюрбан

burka

паранджа

kaftan

кафтан

abaya

абайя

badedrakt

купальник

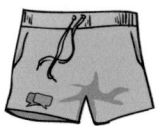

badebukse

плавки

shorts

шорты

treningsklede

спортивный костюм

forkle

фартук

hanskar

перчатки

klede - одежда

knapp

пуговица

brille

очки

armband

браслет

kjede

цепочка

ring

кольцо

øyredobb

серьга

lue

шапка

kleshengar

вешалка

hatt

шляпа

slips

галстук

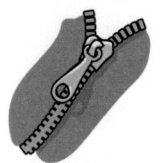

glidelås

застежка молния

hjelm

шлем

bukseselar

подтяжки

skuleuniform

школьная форма

uniform

форма

klede - одежда

smekke
детский нагрудник

smokk
соска

bleie
подгузник

kontor
офис

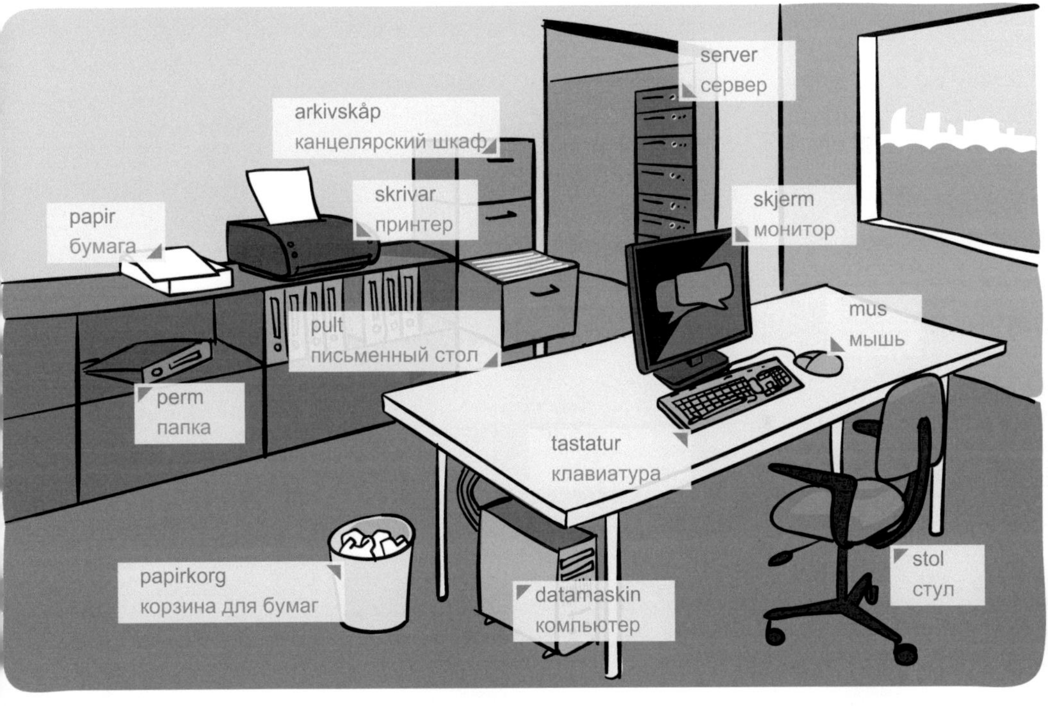

- server — сервер
- arkivskåp — канцелярский шкаф
- skrivar — принтер
- skjerm — монитор
- papir — бумага
- pult — письменный стол
- mus — мышь
- perm — папка
- tastatur — клавиатура
- papirkorg — корзина для бумаг
- datamaskin — компьютер
- stol — стул

kaffikopp
кофейная кружка

kalkulator
калькулятор

internett
интернет

bærbar pc
ноутбук

brev
письмо

beskjed
сообщение

mobiltelefon
мобильный телефон

nettverk
сеть

kopimaskin
ксерокс

programvare
программа

telefon
телефон

stikkontakt
розетка

faksmaskin
факс

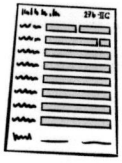
skjema
формуляр

dokument
документ

økonomi
экономика

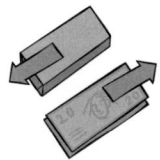
kjøpe
покупать

betale
платить

handle
торговать

pengar
деньги

dollar
доллар

euro
евро

yen
иена

rubel
рубль

sveitserfranc
франк

renminbi
жэньминьби юань

rupi
рупия

minibank
банкомат

vekslingskontor

пункт обмена валюты

gull

золото

sølv

серебро

olje

нефть

energi

энергия

pris

цена

kontrakt

договор

avgift

налог

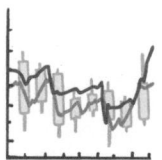

aksje

акция

jobbe

работать

tilsett

служащий

arbeidsgjevar

работодатель

fabrikk

фабрика

butikk

магазин

yrker
профессии

politibetjent
милиционер

brannmann
пожарный

kokk
повар

lækjar
врач

pilot
пилот

gartnar

садовник

snekkar

столяр

sydame

швея

dommar

судья

kjemikar

химик

skodespelar

актёр

bussjåfør
водитель автобуса

taxisjåfør
таксист

fiskar
рыбак

vaskedame
уборщица

taktekkar
кровельщик

kelner
официант

jeger
охотник

målar
художник

bakar
пекарь

elektrikar
электрик

bygningsarbeidar
строитель

ingeniør
инженер

slaktar
мясник

røyrleggjar
сантехник

postbud
почтальон

soldat
солдат

arkitekt
архитектор

kasserar
кассир

blomsterhandlar
флорист

frisør
парикмахер

konduktør
кондуктор

mekanikar
механик

kaptein
капитан

tannlege
зубной врач

forskar
ученый

rabbi
раввин

imam
имам

monk
монах

prest
священник

yrker - профессии

verktøy
инструменты

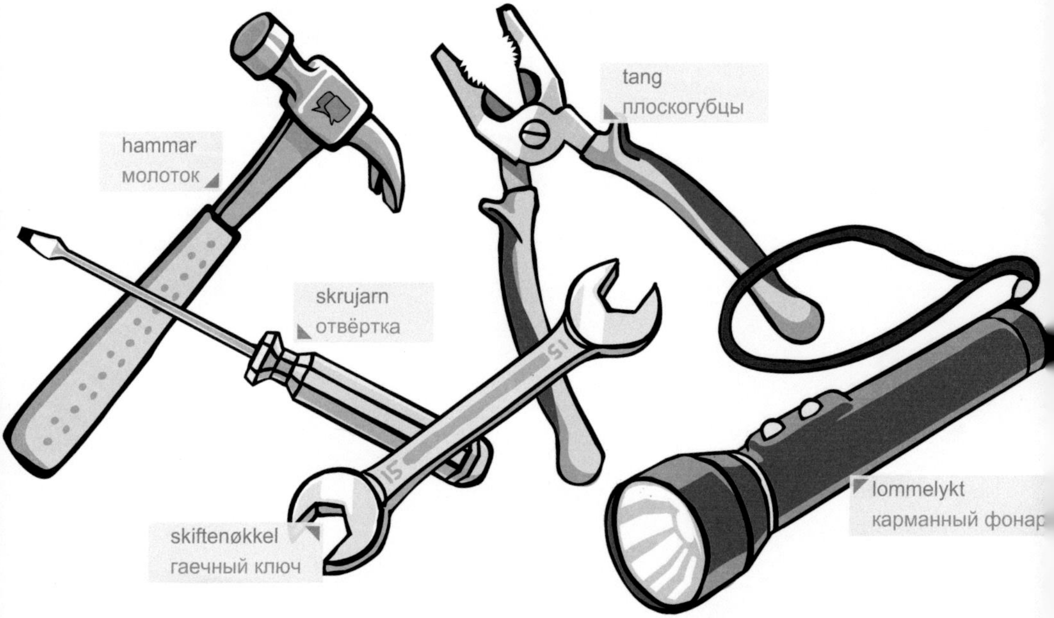

hammar
молоток

tang
плоскогубцы

skrujarn
отвёртка

skiftenøkkel
гаечный ключ

lommelykt
карманный фонарь

gravemaskin

экскаватор

verktøykasse

ящик для инструментов

stige

стремянка

sag

пила

spikar

гвозди

bor

дрель

reparere

ремонтировать

spade

лопата

Søren!

Блин!

feiebrett

совок

målingsspann

ведро с краской

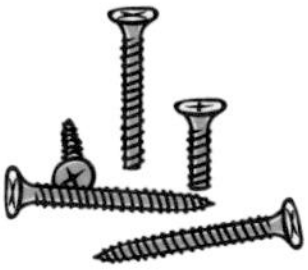

skruar

винты

musikkinstrument
музыкальные инструменты

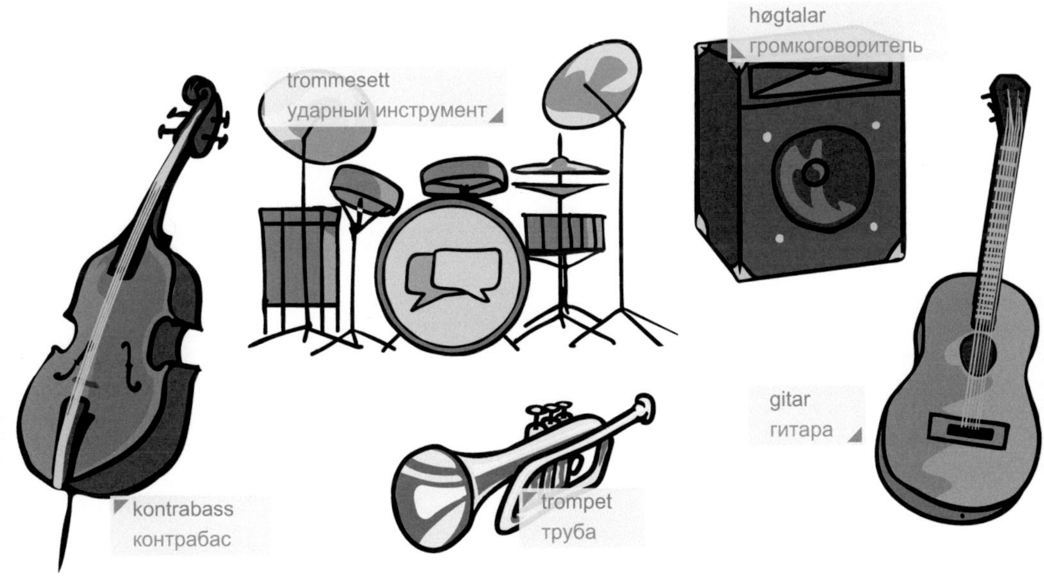

kontrabass
контрабас

trommesett
ударный инструмент

høgtalar
громкоговоритель

trompet
труба

gitar
гитара

piano

пианино

fiolin

скрипка

bass

бас-гитара

pauke

литавры

trommer

барабан

keyboard

синтезатор

saksofon

саксофон

fløyte

флейта

mikrofon

микрофон

musikkinstrument - музыкальные инструменты

dyrehage
зоопарк

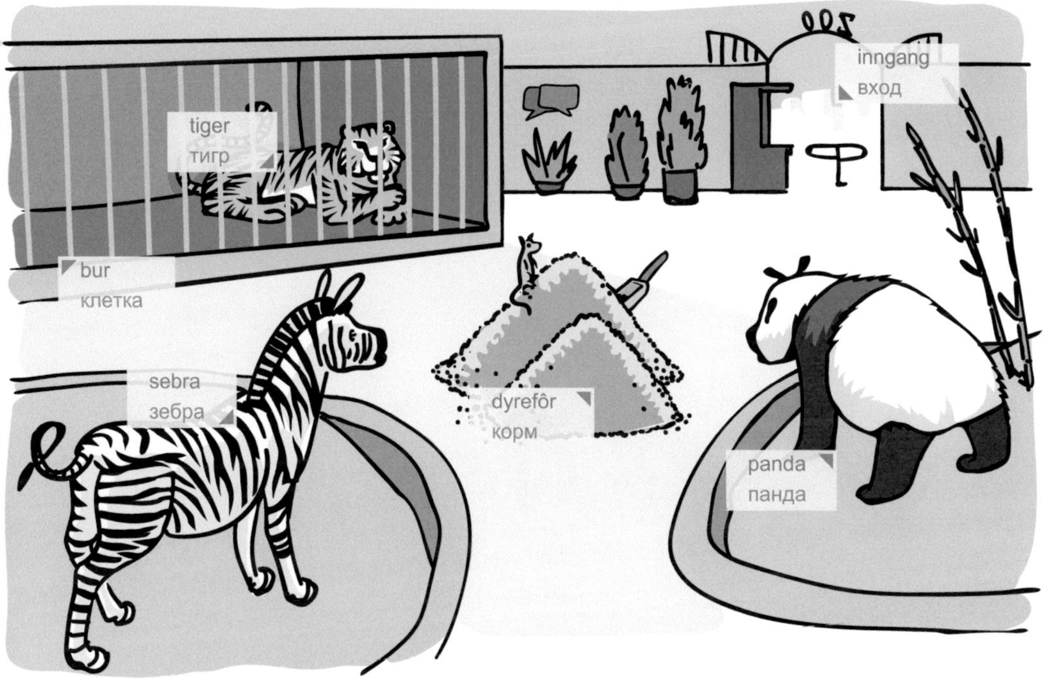

- tiger / тигр
- bur / клетка
- sebra / зебра
- inngang / вход
- dyrefôr / корм
- panda / панда

dyr
животные

elefant
слон

kenguru
кенгуру

nashorn
носорог

gorilla
горилла

bjørn
медведь

kamel
верблюд

struts
страус

løve
лев

ape
обезьяна

flamingo
фламинго

papegøye
попугай

isbjørn
белый медведь

pingvin
пингвин

hai
акула

påfugl
павлин

slange
змея

krokodille
крокодил

dyrepassar
служитель зоопарка

sel
тюлень

jaguar
ягуар

dyrehage - зоопарк

ponni

пони

leopard

леопард

flodhest

бегемот

giraff

жираф

ørn

орёл

villsvin

кабан

fisk

рыба

skilpadde

черепаха

kvalross

морж

rev

лиса

gaselle

газель

dyrehage - зоопарк

sport
спорт

amerikansk fotbal / американский футбол
sykling / езда на велосипеде
tennis / теннис
basketball / баскетбол
svømming / плавание
boksing / бокс
ishockey / хоккей

fotball / футбол
badminton / бадминтон
friidrett / лёгкая атлетика

handball / гандбол
stå på ski / лыжный спорт
polo / поло

aktivitetar
действия

hoppe
прыгать

le
смеяться

klemme
обнимать

gå
идти

syngje
петь

drøyme
мечтать

be
молиться

kysse
целовать

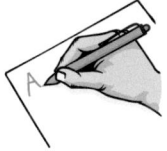

skrive
писать

teikne
рисовать

vise
показывать

trykkje
нажимать

gi
давать

ta
брать

ha
иметь

gjere
делать

vere
быть

stå
стоять

løpe
бежать

dra
тянуть

kaste
бросать

falle
падать

ligge
лежать

vente
ждать

bære
носить

sitje
сидеть

kle på seg
надевать

sove
спать

vakne
просыпаться

sjå på
рассматривать

gråte
плакать

stryke
гладить

kjemme
причесывать

snakke
говорить

forstå
понимать

spørje
спрашивать

høyre
слушать

drikke
пить

ete
кушать

rydde
наводить порядок

elske
любить

lage mat
готовить

køyre
ехать

flyge
летать

segle
ходить под парусом

rekne
считать

lese
читать

lære
учиться

jobbe
работать

gifte seg
вступать в брак

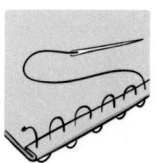
sy
шить

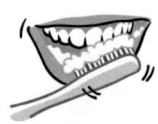
pusse tenner
чистить зубы

drepe
убивать

røykje
курить

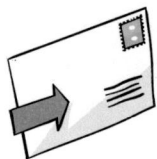
sende
отправлять

aktivitetar - действия

familie
семья

- bestemor / бабушка
- baby / младенец
- mor / мама
- bestefar / дедушка
- far / папа
- dotter / дочь
- son / сын

gjest
гость

tante
тетя

onkel
дядя

bror
брат

søster
сестра

kropp
тело

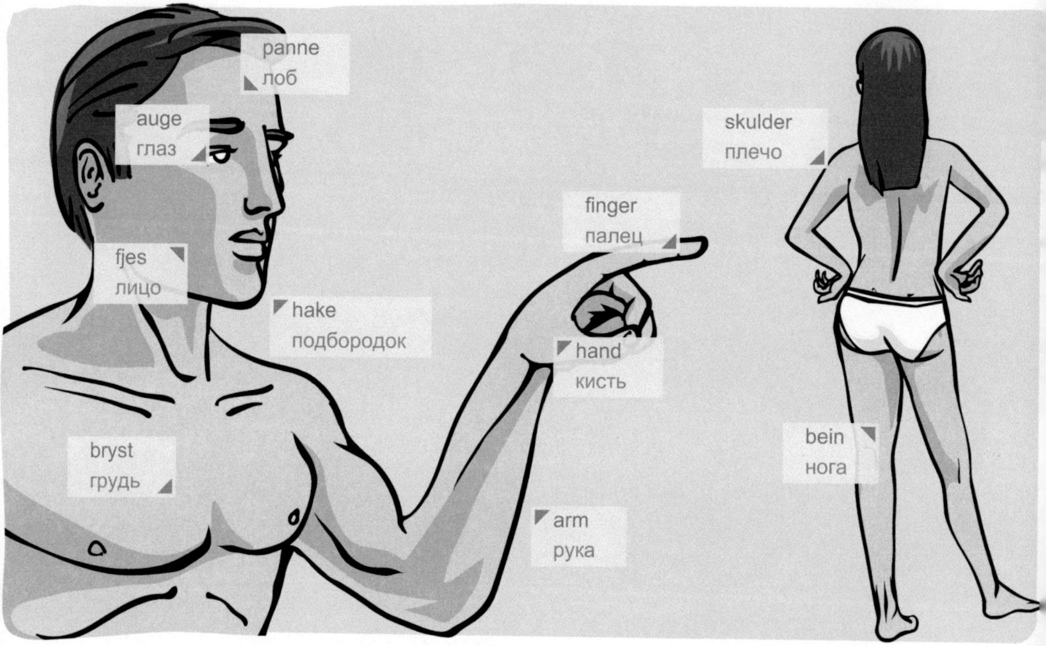

panne
лоб

auge
глаз

skulder
плечо

finger
палец

fjes
лицо

hake
подбородок

hand
кисть

bryst
грудь

bein
нога

arm
рука

baby
младенец

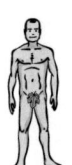

mann
мужчина

kvinne
женщина

jente
девочка

gut
мальчик

hovud
голова

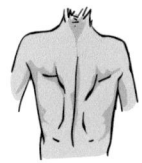

rygg
спина

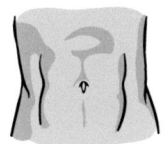

mage
живот

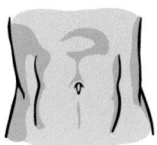

navle
пупок

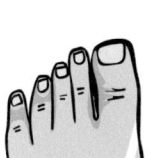

tå
палец ноги

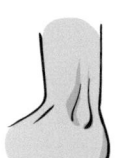

hæl
пятка

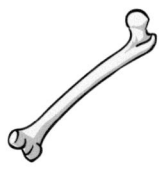

bein
кость

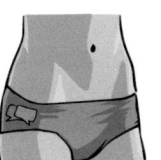

hofte
бедро

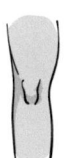

kne
колено

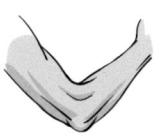

olboge
локоть

nase
нос

rumpe
ягодицы

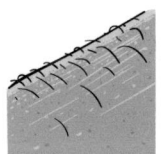

hud
кожа

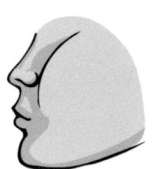

kinn
щека

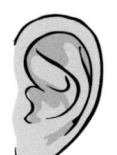

øyre
ухо

leppe
губа

kropp - тело

munn
рот

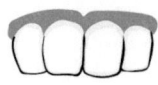
tann
зуб

tunge
язык

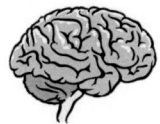
hjerne
мозг

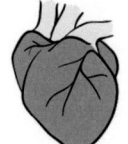
hjarte
сердце

muskel
мышца

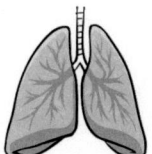
lunge
лёгкое

lever
печень

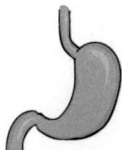
magesekk
желудок

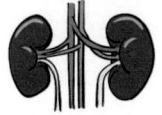
nyrer
почки

samleie
половой акт

kondom
презерватив

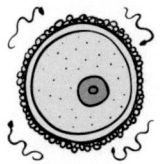
eggcelle
яйцеклетка

sæd
сперма

graviditet
беременность

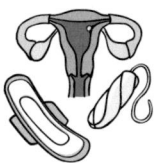
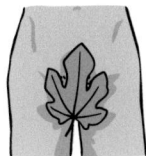

menstruasjon — менструация

vagina — вагина

penis — пенис

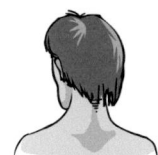

augebryn — бровь

hår — волосы

hals — шея

sykehus
больница

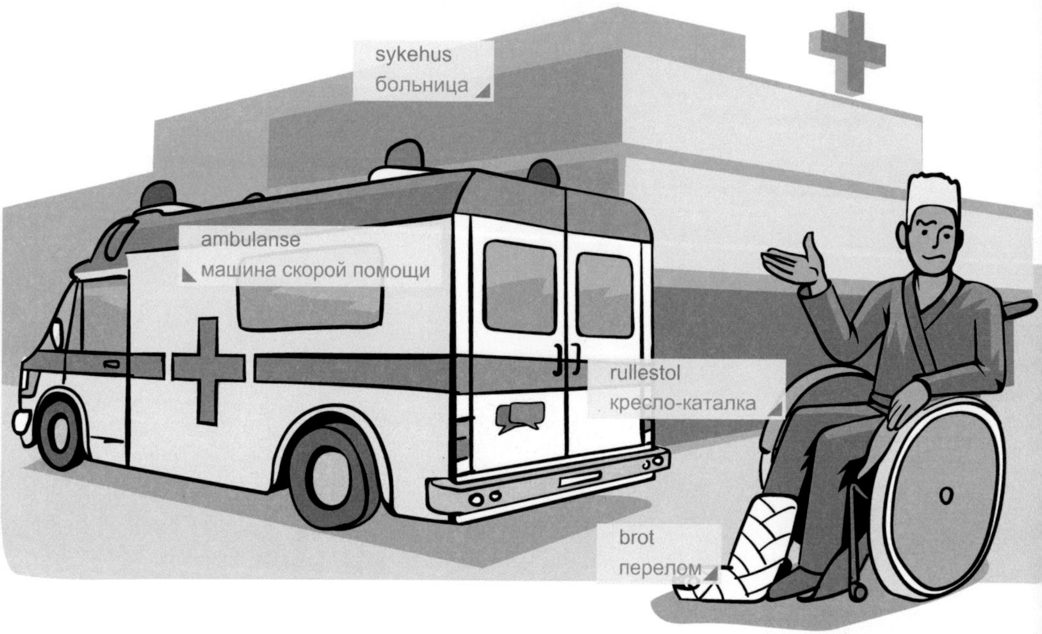

sykehus / больница

ambulanse / машина скорой помощи

rullestol / кресло-каталка

brot / перелом

lækjar
врач

akuttmottak
пункт первой помощи

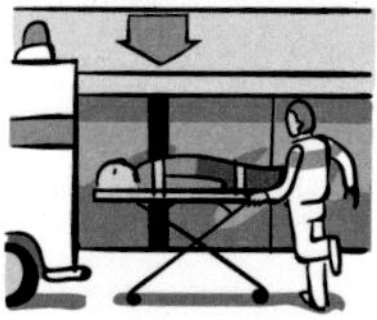

sjukepleiar
медсестра

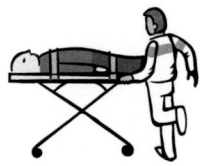
naudsituasjon
неотложный случай

medvitslaus
без сознания

smerte
боль

skade

повреждение

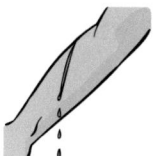

bløding

кровотечение

hjarteinfarkt

инфаркт

hjerneslag

инсульт

allergi

аллергия

hoste

кашель

feber

повышенная температура

influensa

грипп

diaré

понос

hovudpine

головная боль

kreft

рак

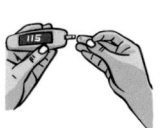

diabetes

диабет

kirurg

хирург

skalpell

скальпель

operasjon

операция

sykehus - больница

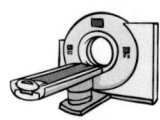
CT
КТ

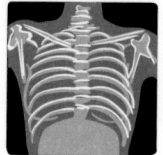
røntgen
рентген

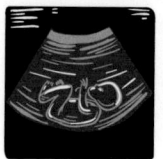
ultralyd
ультразвук

ansiktsmaske
маска

sjukdom
болезнь

venterom
приёмная

krykkje
костыль

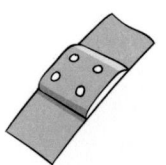
plaster
пластырь

bandasje
бинт

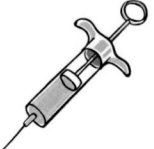
injeksjon
укол

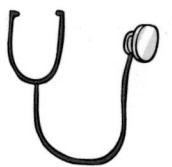
stetoskop
стетоскоп

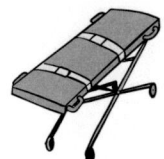
båre
носилки

klinisk termometer
термометр

fødsel
рождение

overvekt
избыточный вес

74   sykehus - больница

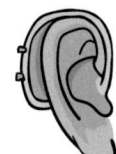

høyreapparat

слуховой аппарат

desinfeksjonsmiddel

дезинфекционное средство

infeksjon

инфекция

virus

вирус

HIV/AIDS

ВИЧ / СПИД

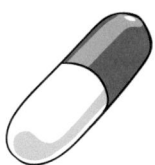

medisin

лекарство

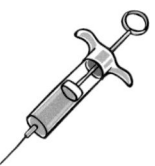

vaksinasjon

прививка

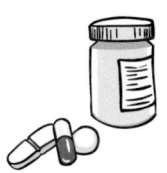

tablettar

таблетки

pille

противозачаточная таблетка

nødanrop

экстренный вызов

blodtrykksmålar

прибор для измерения кровяного давления

sjuk / frisk

больной / здоровый

naudsituasjon
неотложный случай

Hjelp!
Помогите!

overfall
нападение

alarm
сигнал тревоги

angrep
атака

fare
опасность

naudutgang
запасной выход

Brann!
Пожар!

brannsløkkingsapparat
огнетушитель

ulykke
несчастный случай

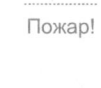
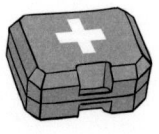

førstehjelpsskrin
аптечка

SOS
SOS

politi
милиция

jorda
земля

Europa

Европа

Nord-Amerika

Северная Америка

Sør-Amerika

Южная Америка

Afrika

Африка

Asia

Азия

Australia

Австралия

Atlanterhavet

Атлантический океан

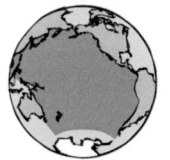

Stillehavet

Тихий океан

Indiahavet

Индийский океан

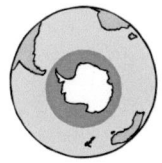

Sørishavet

Антарктический океан

Nordishavet

Северный Ледовитый океан

Nordpolen

Северный полюс

Sørpolen
Южный полюс

Antarktis
Антарктика

jorda
земля

land
суша

sjø
море

øy
остров

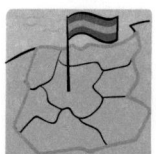
nasjon
нация

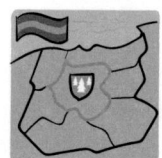
stat
государство

klokke
часы

urskive
циферблат

timevisar
часовая стрелка

minuttvisar
минутная стрелка

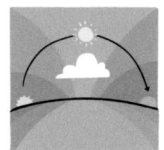

sekundvisar
секундная стрелка

Kva er klokka?
Который час?

dag
день

tid
время

no
сейчас

digitalklokke
электронные часы

minutt
минута

time
час

veke
неделя

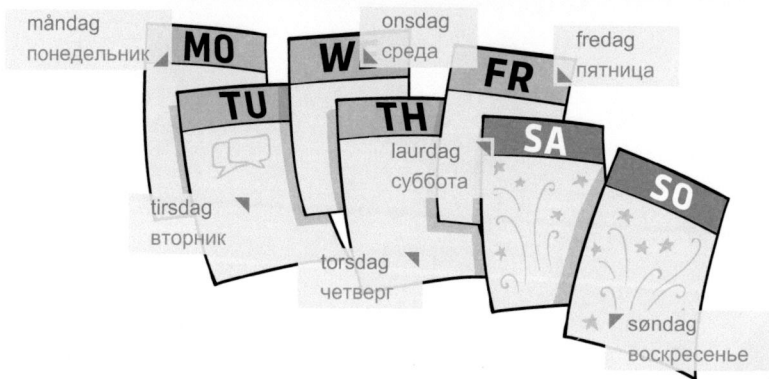

måndag / понедельник
tirsdag / вторник
onsdag / среда
torsdag / четверг
fredag / пятница
laurdag / суббота
søndag / воскресенье

i går
вчера

i dag
сегодня

i morgon
завтра

morgon
утро

middag
полдень

kveld
вечер

arbeidsdag
рабочие дни

helg
выходные

år
год

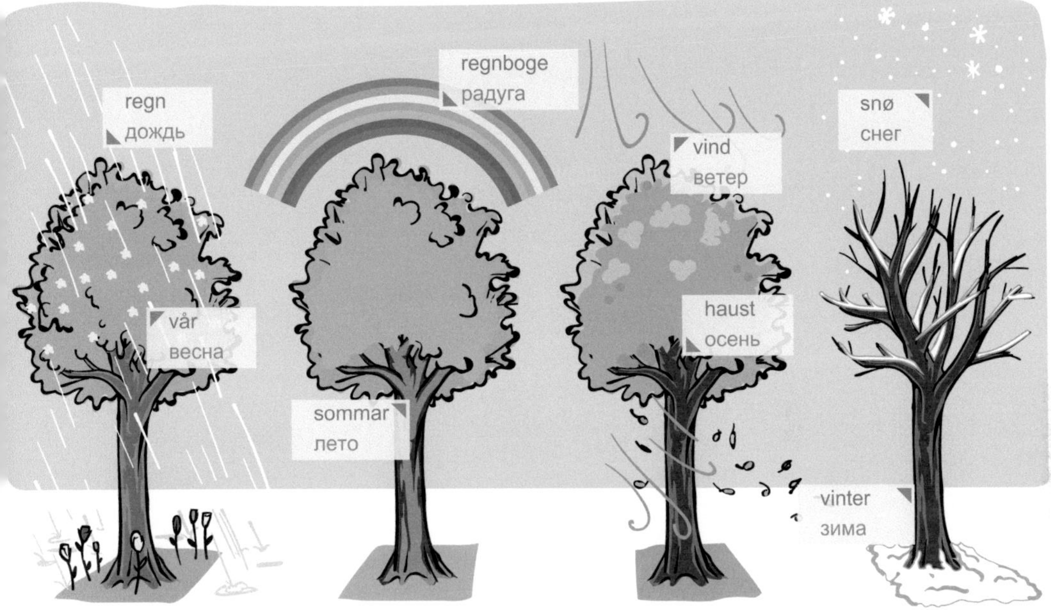

- regn / дождь
- regnboge / радуга
- snø / снег
- vår / весна
- vind / ветер
- sommar / лето
- haust / осень
- vinter / зима

vêrmelding
прогноз погоды

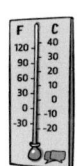

termometer
термометр

solskin
солнечный свет

sky
туча

tåke
туман

luftfuktigheit
влажность воздуха

lyn
молния

torden
гром

storm
буря

hagl
град

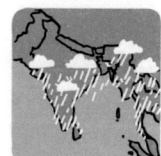
monsun
муссон

overfløyming
наводнение

is
лёд

januar
январь

februar
февраль

mars
март

april
апрель

mai
май

juni
июнь

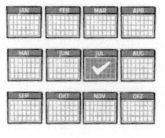
juli
июль

august
август

år - год

september

сентябрь

oktober

октябрь

november

ноябрь

desember

декабрь

former
формы

sirkel

круг

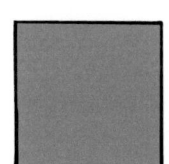

kvadrat

квадрат

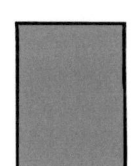

rektangel

прямоугольник

triangel

треугольник

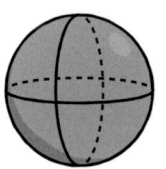

kule

шар

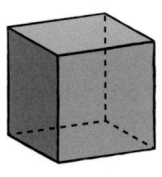

kube

куб

fargar
цвета

kvit
белый

gul
желтый

oransje
оранжевый

rosa
розовый

raud
красный

lilla
лиловый

blå
синий

grøn
зелёный

brun
коричневый

grå
серый

svart
черный

motsetnader
противоположности

mykje / lite

много / мало

sint / roleg

яростный / мирный

pen / stygg

красивый / уродливый

start / slutt

начало / конец

stor / liten

большой / маленький

lys / mørk

светлый / тёмный

bror / søster

брат / сестра

rein / skiten

чистый / грязный

fullstendig / ufullstendig

полный / неполный

dag / natt

день / ночь

død / levande

мёртвый / живой

breid / smal

широкий / узкий

etande / uetande

съедобный / несъедобный

ond / snill

злой / дружелюбный

begeistra / lei

взволнованный / скучающий

tjukk / tynn

толстый / худой

først / sist

сначала / в конце

ven / fiende

друг / враг

full / tom

полный / пустой

hard / mjuk

твёрдый / мягкий

tung / lett

тяжёлый / легкий

svolten / tørst

голод / жажда

sjuk / frisk

больной / здоровый

ulovleg / lovleg

незаконный / законный

intelligent / dum

умный / глупый

venstre / høgre

слева / справа

nær / langt unna

близко / далеко

ny / brukt

новый / подержанный

ingenting / noko

ничто / нечто

gamal / ung

старый / молодой

på / av

включено / выключено

open / stengd

открыто / закрыто

lågt / høgt

тихо / громко

rik / fattig

богатый / бедный

riktig / feil

правильный / неправильный

ru / glatt

шероховатый / гладкий

trist / glad

печальный / счастливый

kort / lang

короткий / длинный

langsam / rask

медленный / быстрый

vått / tørt

мокрый / сухой

varm / lunken

тёплый / прохладный

krig / fred

война / мир

motsetnader - противоположности

tal
цифры

0 null — ноль

1 ein — один

2 to — два

3 tre — три

4 fire — четыре

5 fem — пять

6 seks — шесть

7 sju — семь

8 åtte — восемь

9 ni — девять

10 ti — десять

11 elleve — одиннадцать

12 tolv — двенадцать

13 tretten — тринадцать

14 fjorten — четырнадцать

15 femten — пятнадцать

16 seksten — шестнадцать

17 sytten — семнадцать

18 atten — восемнадцать

19 nitten — девятнадцать

20 tjue — двадцать

100 hundre — сто

1.000 tusen — тысяча

1.000.000 million — миллион

språk
языки

engelsk

английский

amerikansk engelsk

американский английский

mandarin

мандаринский китайский

hindi

хинди

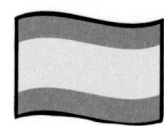

spansk

испанский

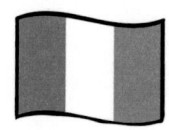

fransk

французский

arabisk

арабский

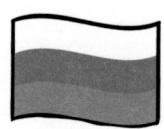

russisk

русский

portugisisk

португальский

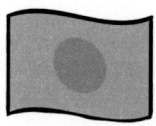

bengali

бенгальский

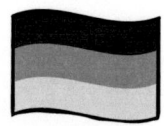

tysk

немецкий

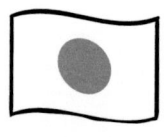

japansk

японский

kven / kva / korleis
кто / что / как

eg
я

du
ты

han / ho / det
он / она / оно

vi
мы

de
вы

dei
они

kven?
кто?

kva?
что?

korleis?
как?

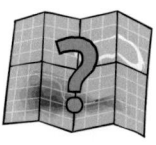
kvar?
где?

når?
когда?

namn
имя

kvar
где

bakom
за

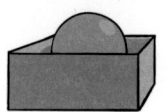

i
в

framfor
перед

over
над

på
на

under
под

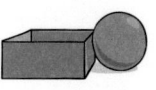

ved sida av
рядом

mellom
между

stad
место